Pequeñas Estrellas

El monopatinaje de las pequeñas estrellas

Un libro de El Semillero de Crabtree

Taylor Farley y Pablo de la Vega

¡Puedo andar en **patineta**!

Me empujo con un pie.

Voy rápido.

Voy lento.

A veces me **caigo**.

Siempre debemos usar un **casco**.

Puedo ir colina abajo.

Puedo hacer ***ollies***.

Patino sobre **rampas**.

99

Aprendo **trucos** geniales.

¡El monopatinaje es increíble!

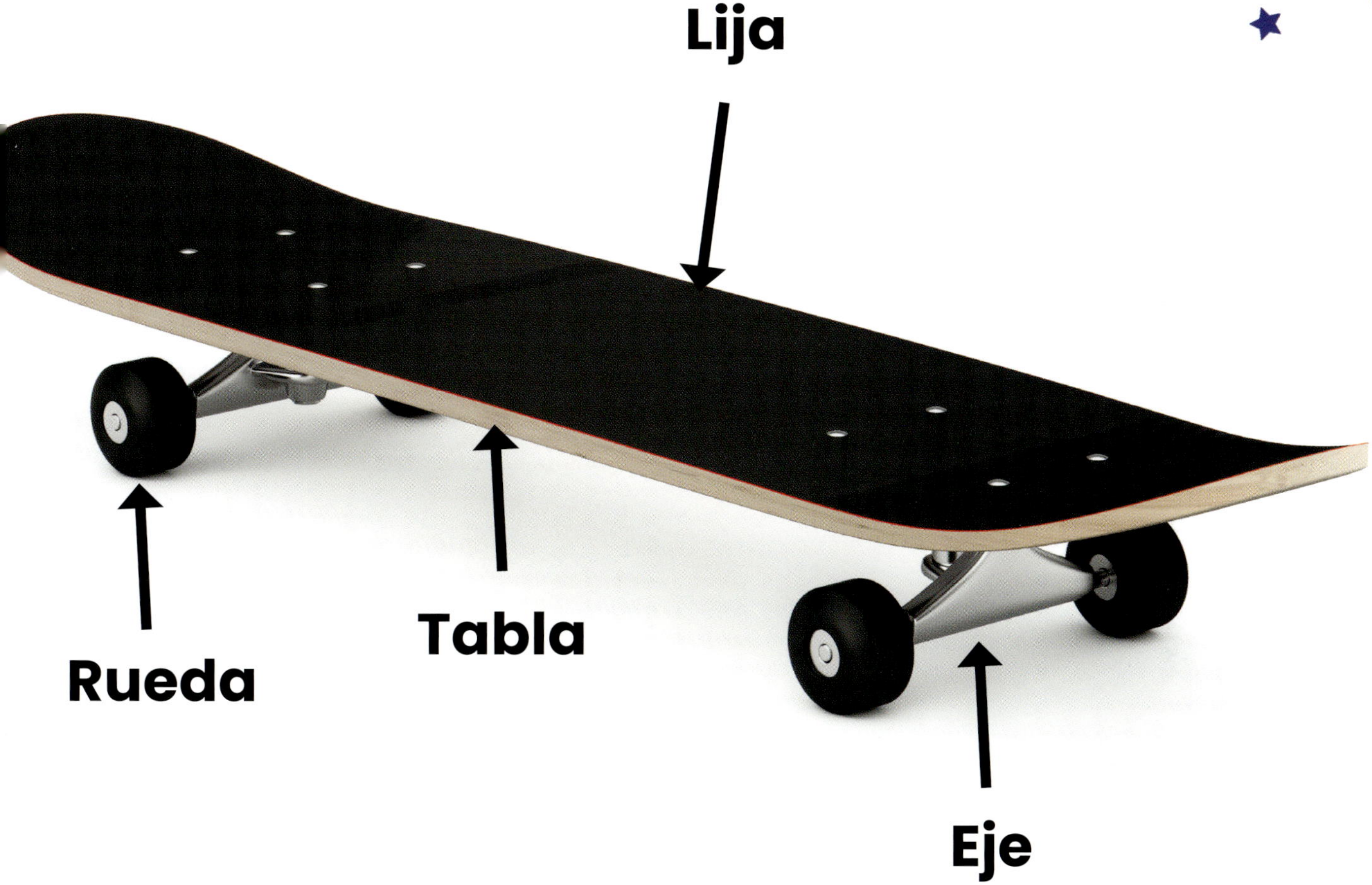

Lija

Tabla

Rueda

Eje

Glosario

caigo: Cuando alguien se cae es porque pierde el equilibrio y no logra sostenerse en pie.

casco: Un casco es una especie de sombrero duro que te protege la cabeza.

ollies: Los *ollies* son trucos en los que el patinador y la tabla saltan al mismo tiempo. Para hacer este tipo de trucos, las manos no tocan la tabla.

patineta: Una patineta es una tabla con ruedas que los patinadores usan para patinar.

rampas: Las rampas son superficies inclinadas.

trucos: Los trucos son movimientos complicados que requieren de práctica y habilidades.

Índice analítico

Apoyos de la escuela a los hogares para cuidadores y maestros

Los libros de El Semillero de Crabtree ayudan a los niños a crecer al permitirles practicar la lectura. Las siguientes son algunas preguntas de guía que ayudan a los lectores a construir sus habilidades de comprensión. Algunas posibles respuestas están incluidas.

Antes de leer:

- **¿De qué piensas que tratará este libro?** Pienso que este libro tratará sobre el monopatinaje. Quizá nos enseñará algunos trucos para andar en patineta.
- **¿Qué quiero aprender sobre este tema?** Quiero saber cómo se protegen los monopatinadores.

Durante la lectura:

- **Me pregunto por qué...** Me pregunto por qué el truco de la página 14 se llama *ollie*.
- **¿Qué he aprendido hasta ahora?** Aprendí que los monopatinadores deben usar cascos para protegerse.

Después de leer:

- **¿Qué detalles aprendí de este tema?** Aprendí cuáles son las partes de una patineta. Son la rueda, la tabla, el eje y la lija.
- **Lee el libro de nuevo y busca las palabras del vocabulario.** Veo la palabra *rampas* en la página 16 y la palabra *ollies* en la página 15. Las otras palabras del vocabulario están en las páginas 22 y 23.

Library and Archives Canada Cataloguing in Publication

Title: El monopatinaje de las pequeñas estrellas / Taylor Farley y Pablo de la Vega.
Other titles: Little stars skateboarding. Spanish
Names: Farley, Taylor, author. | Vega, Pablo de la, translator.
Description: Series statement: Pequeñas estrellas | Translation of: Little stars skateboarding. | Translated by Pablo de la Vega. | "Un libro de el semillero de Crabtree". | Includes index. | Text in Spanish.
Identifiers: Canadiana (print) 20210097744 | Canadiana (ebook) 20210097752 | ISBN 9781427131676 (hardcover) | ISBN 9781427131850 (softcover) | ISBN 9781427132024 (HTML) | ISBN 9781427136053 (read-along ebook)
Subjects: LCSH: Skateboarding—Juvenile literature.
Classification: LCC GV859.8 .F3718 2021 | DDC j796.22—dc23

Library of Congress Cataloging-in-Publication Data

Names: Farley, Taylor, author.
Title: El monopatinaje de las pequeñas estrellas / Taylor Farley y Pablo de la Vega.
Other titles: Little stars skateboarding. Spanish
Description: New York, NY : Crabtree Publishing Company, 2021. | Series: Pequeñas estrellas : un libro de el semillero de Crabtree | Includes index. | Audience: Ages 5-7 | Audience: Grades K-1 | Summary: "You've watched the older kids do it, now it's your turn! Learn the basics of skateboarding along with the beginner skills you need to become a shredder"-- Provided by publisher.
Identifiers: LCCN 2020056825 (print) | LCCN 2020056826 (ebook) | ISBN 9781427131676 (hardcover) | ISBN 9781427131850 (paperback) | ISBN 9781427132024 (ebook) | ISBN 9781427136053 (epub)
Subjects: LCSH: Skateboarding--Juvenile literature.
Classification: LCC GV859.8 .F3718 2021 (print) | LCC GV859.8 (ebook) | DDC 796.22--dc23
LC record available at https://lccn.loc.gov/2020056825
LC ebook record available at https://lccn.loc.gov/2020056826

Crabtree Publishing Company
www.crabtreebooks.com 1–800–387–7650

Written by Taylor Farley
Production coordinator and Prepress technician: Samara Parent
Print coordinator: Katherine Berti
Translation to Spanish: Pablo de la Vega
Edition in Spanish: Base Tres

Print book version produced jointly with Blue Door Education in 2021

Printed in the U.S.A./022021/CG20201215

Photo credits: Cover: shutterstock.com | canbedone, Page2/3: istock.com| Merkuri2, Page4/5: istock.com| _LeS_, Page6: shutterstock.com | Softulka, page 7: Shutterstock.com | FamVeld, Page8/9: istock.com| Zinkevych, Page10/11: shutterstock.com | Fred Sweet, Page12/13: shutterstock | RTimages, Page14/15:shutterstock.com | Izf, Page16/17: shutterstock.com|Softulka, Page18/19: shutterstock.com | COLOMBO NICOLA, Psge20/21: shutterstock.com|doomu, Gino Santa Maria. Page22/23: istock.com|tusumaru, Pavel L Photo and Video, shutterstock.com| sianc All photos from Shutterstock.com and istock.com

Published in Canada
Crabtree Publishing
616 Welland Ave.
St. Catharines, Ontario
L2M 5V6

Published in the United States
Crabtree Publishing
347 Fifth Ave.
Suite 1402-145
New York, NY 10016

Published in the United Kingdom
Crabtree Publishing
Maritime House
Basin Road North, Hove
BN41 1WR

Published in Australia
Crabtree Publishing
Unit 3 – 5 Currumbin Court
Capalaba
QLD 4157